＼持ちよりパーティやお弁当に／

カップデリ

Cup Deli

信太康代

パーティの主役は、いつもカップデリ

ママ友、趣味の集まり、近所のおつきあい……。
一品ずつ持ちよって、ミニ・パーティをする機会が増えています。
そんなとき何を持っていくかで、女子力・主婦力が光ります。
持ちよりパーティやお弁当作りに、大事なのは次の5つ。
① 持ち運びがラク
② 見た目がきれい
③ インパクトのあるおいしさ
④ 時間が経っても変わらない
⑤ 手に取りやすく、食べやすい
これらのすべての条件を満たすのが、カップデリです。
透明プラスチックのカップなら
「中身が見え、軽く、使い捨て」にできます。
本書では、簡単にできるのに、
とても華やかなレシピの数々をご紹介しましょう。

イグレック・シダ主宰　信太康代

- 2 パーティの主役は、いつもカップデリ
- 6 人の集まるところ、カップデリがよく似合う
- 8 カップデリを作るときのポイント

▦ Part 1 カップオードブル

- 10 ローストビーフと焼き野菜のマリネ
- 12 ツナとトマトとワカモレ
- 14 キャロットラペとえびのゼリー寄せ
- 16 サーモンのパルフェ
- 18 根菜とチャーシューの彩りサラダ
- 20 いろいろ豆のピクルス
- 22 彩りミニトマトのカプレーゼ
- 24 菜園風ごろごろ野菜のかんたんバーニャカウダソース
- 26 海鮮の和風ジュレがけ
- 28 ハニーレモンチキン
- 30 ミートボールとマッシュポテト
- 32 チリビーンズとソーセージ
- 34 スペイン風オムレツのトマトソースがけ

▦ Part 2 カップサラダ

- 38 ニース風サラダ
- 40 コブサラダと雑穀ミックス
- 42 ミモザサラダのカリカリパン粉のせ
- 44 えびとブロッコリーのサルサ・ドレッシング添え
- 46 なすとトマトと厚揚げのピーナッツ・ドレッシング添え
- 48 いろいろ根菜の洋風白和えサラダ
- 50 五色きんぴら
- 52 しゃきしゃきレタスとペンネのアンチョビ・マヨネーズソースサラダ
- 54 香味野菜と豚肉と切り干し大根のサラダ
- 56 三色ビーンズと豆腐サラダ
- 58 エリンギと緑の野菜のしゃきしゃきサラダ
- 60 しっとりチキンと焼きなすの和風サラダ
- 62 シーフードと根菜のシーザーサラダ
- 64 かぼちゃとさつまいものクリーミーサラダ

contents

Part 3 カップごはん

68	彩りロコモコ丼
70	十六穀米のタコライス
72	コンビーフでビビンバ風
74	ドライカレーのフライドオニオンのせ
76	山菜ときのこのリングイネ
78	ドライトマトとサラミのショートパスタ
80	ラオス風ひき肉そぼろご飯
82	野菜たっぷり焼きそば
84	海鮮ちらし寿司
86	本格チャプチェ
88	かんたんパエリア
90	シンガポール風チキンライス
92	クレープでラップサンド

Part 4 カップデザート

96	レアチーズケーキのチェリーソースのせ
98	かんたんトライフル
100	フルーツサラダポンチ風
102	チョコムース
104	アップルクランブル
106	マロンのババロア
108	ローズヒップティーと赤ワインのジュレ
110	抹茶のパフェ

COLUMN

36	カップデリを持ち運ぶアイデア
66	「野菜」をカップに見立てる
94	「タコスの皮」をカップに見立てる

本書の見方・使い方

- カップ1は200mL、大さじ1は15mL、小さじ1は5mLです。
- ひとつまみは、親指・人差し指・中指の3本指でつまんだ分量です。
- レシピのハーブ類は、すべてフレッシュ（生）です。
- コリアンダー（英語名）、パクチー（タイ語名）、香菜（中国語名）は、同じもの。本書では英語名を使っています。
- 赤玉ねぎは、紫玉ねぎともいいます。
- 暑い日にカップデリを持ち歩くときは、必ず保冷剤を入れましょう。

持ちよりパーティに

自分たちの作った料理やデザートを持ちよると、
バラエティ豊かで、テーブルが一気に華やぎます。
しかし、たとえ親しい人たちの集まりでも、
見た目がよくて、おいしいものを
持っていきたいですね。カップデリなら、
盛りつけのセンスに自信がなくても、
おしゃれに見えてしまうから不思議です。
マンネリになりがちな持ちよりパーティに、
新しい風を吹き込んでみませんか。

人の集まるところ、
カップデリがよく似合う

運動会や遠足のお弁当に

運動会や遠足のお弁当といえば、
おにぎり、サンドイッチ、お寿司が
定番となっています。
それは屋外でも食べやすいからです。
カップデリは、軽くて小さいので、
子どもでも片手で持ちやすく、
スプーンひとつで手軽に食べることができます。
カップデリなら、お弁当にしづらい
と思っていた食材も使えるので、
メニューの幅も広がります。

お花見や紅葉狩りに

季節の行楽にも、カップデリがおすすめです。
満開の桜の樹の下や、
鮮やかな紅葉の中でのカップデリは、また格別です。
少し頑張って何種類か作っていけば、
それぞれに好きなカップデリを
選ぶ楽しみもあります。
食べ終えたら、カップはコンパクトに重ねられて、
持ち帰るときも軽いので、とてもラクです。

**誰かと一緒に食事をするシーンでは、
ふだんとはちょっと違う、特別感のあるメニューにしたいものです。
カップデリなら、そんな望みをきっと叶えてくれます。**

ふだんのお弁当に

ふたがちゃんと閉まるカップを使えば、
職場に持っていくこともできます。
ヘルシーなサラダに、
パンやおにぎりをプラスすれば、
立派なランチに。

カップデリを作るときのポイント

好きな食材を組み合わせて、彩りよくカップに詰める。
それがカップデリです。難しいことはひとつもありません。
カップを使いこなせれば、どんな料理もスペシャリテになります。

① 料理に合わせて カップの大きさや形を選ぶ

本書では料理に合わせて、40種類ものカップを使い分けています。ご飯や麺を詰めるときは、大きめのカップ、濃厚なデザートには小さめのカップ……。ふたがセットになるカップもあります。製菓材料店や100円均一ショップなどで手に入ります。

② 熱い料理は冷ましてから カップに詰める

カップに詰めるときは、お弁当と同様で、熱い料理は完全に冷ましてから詰めましょう。熱いまま詰めると、料理がいたむ原因になります。特にふたをする前には、カップに湯気がついていないことを確認します。

③ 具材に水分が多い場合 ドレッシングにとろみをつける

水分の多い具材を和えるときは、水溶き片栗粉を加えてとろみをつけたドレッシングで和えると、味がしみこみやすく、時間が経っても水分が出ません。

④ 肉の加工品などは 思いきって市販品も使う

ローストビーフや鶏のから揚げなどは、市販品もどんどん利用しましょう。カップに詰めて、手作りのソースやドレッシングと合わせれば、手間をかけずに素敵なカップデリのでき上がり。

Part 1
カップオードブル

軽食や、お酒のおつまみにもなるカップデリ。デパ地下のデリのような、おしゃれでインパクトがあるメニューはホームメイドとは思えない完成度で、注目度ナンバーワンです。

Part 1 オードブル

ローストビーフと焼き野菜のマリネ

焼いた野菜は、熱々のうちにマリネ液に漬けましょう。
冷めていく間にどんどん味がしみていきます。
時間があるときは、冷蔵庫で半日くらい休ませると、
さらに味がなじんでおいしくなります。

[材料]（直径76mm×高さ63mm）4人分

マリネ液

A
- 白ワインビネガー……小さじ2
- 塩……小さじ1/2
- 砂糖……小さじ1
- 粒マスタード……小さじ1
- 黒こしょう……少々
- オリーブオイル……大さじ2

オリーブオイル……大さじ1～2

玉ねぎ……1/2個
赤・黄パプリカ……各1/4個
ズッキーニ……1/2本
なす……1本
ししとう……4本

ベビーリーフ……適量
ローストビーフ（市販）……8枚

[作り方]

1 〈マリネ液〉を作る。小さいボウルにAの材料を順に入れて混ぜる。

2 玉ねぎは2cm厚さのくし切り、赤・黄パプリカは縦1cm幅に切り、ズッキーニは1cm厚さの輪切り、なすは縦4等分に切り、ししとうは竹串で全体に穴をあける。

3 フライパンを中火にかけ、オリーブオイルを入れて熱し、2の野菜を入れてこんがり焼き、塩・こしょう（適量/分量外）をふり、熱いうちに1のマリネ液に漬け、粗熱を取る。

4 冷蔵庫に3を入れ、1～2時間休ませる。

5 カップに、ベビーリーフを詰め、4を入れ、軽く丸めたローストビーフ（2枚）を入れる。

※グリルパンを使って、野菜を焼くこともできます。
　そのときは、予め野菜にオリーブオイルをまぶしておきましょう。

ローストビーフ／赤パプリカ／なす／玉ねぎ／ししとう／ズッキーニ／黄パプリカ

ツナとトマトとワカモレ

メキシコ料理としてなじみ深いワカモレに、
ハラペーニョ（青唐辛子）を使うと、本格派の味わいになります。
タコスチップスの上に、
ワカモレをつけながらいただくと一層おいしく。

[材料]（50mm角×高さ68mm）4人分

下準備
ツナ缶……35g
トマト（大）……1/2個

ワカモレ
アボカド（小）……1個（可食部100g）
レモン汁……小さじ1
塩……小さじ1/2
にんにく（すりおろし）……1/4かけ
玉ねぎ（みじん切り）……20g
コリアンダー（みじん切り）……小さじ1
オリーブオイル……大さじ1/2
ハラペーニョの酢漬けの瓶詰め
（みじん切り）……小さじ1/2
※辛いのが苦手な方は、ケッパーを使っても可。

トッピング
黄パプリカ（5mm幅の輪切り）……適量
ブラックオリーブ（3等分の輪切り）
……適量
コリアンダーの葉……適量

タコスチップス……適量

[作り方]

下準備をする

1 ツナは余分な油をきる。

2 トマトは湯むきをし、1cm角に切り、ざるにあけて盛りつける直前まで水気をきる。

ワカモレを作る

1 ボウルに、種を取って皮をむいたアボカドを入れてレモン汁をかけ、塩をふり、マッシャーかフォークの背で潰す。

2 にんにく、玉ねぎ、コリアンダー、オリーブオイル、ハラペーニョの順に加え、ざっと混ぜる。

仕上げ

1 カップにワカモレ、トマト、ワカモレ、トマト、ツナの順に詰める。

2 〈トッピング〉の黄パプリカ、ブラックオリーブ、みじん切りにしたハラペーニョ（適量/分量外）、コリアンダーの葉をのせる。皿の上にタコスチップスを添える。

キャロットラペとえびのゼリー寄せ

人気のキャロットラペに、
オレンジの皮を少し加えるだけで、
にんじんが苦手な人でも、食べやすい味になります。
えびとゼリー寄せをプラスして、パーティ感を演出。

Part 1 オードブル

[材料]（直径60mm×高さ70mm）4人分

白ワインとオレンジのゼリー寄せ
板ゼラチン……4g

A
- 白ワイン……大さじ1
- オレンジ果汁……50mL
- 水……150mL
- グラニュー糖……小さじ1/2
- 塩……小さじ1/3
- こしょう……少々
- コンソメキューブ……1/2個

キャロットラペ
にんじん（小）……1本
塩……小さじ1/4

B
- 白ワインビネガー……大さじ1
- 塩……小さじ1/3
- こしょう……少々
- オレンジの皮（すりおろし）……少々
- グラニュー糖……ひとつまみ
- オリーブオイル……大さじ2

下準備
ミニトマト……4個
オレンジ……1個
えび……6尾

トッピング
パセリの葉（みじん切り）……適量

[作り方]

白ワインとオレンジのゼリー寄せを作る

1. 板ゼラチンは水に浸して戻す。
2. 小鍋にAの材料を順に入れて混ぜ、中火にかけて沸騰したら火を止め、1の水で戻した板ゼラチンを加えて混ぜる。
3. ボウルに2を入れ、底を氷水にあててとろりとさせる。

キャロットラペを作る

1. にんじんは皮をむいて、せん切りにし、ボウルに入れて塩をふって5分おき、水気をしっかり絞る。
2. 別のボウルにBの材料を順に入れて混ぜ、1のにんじんを加えて混ぜる。

下準備をする

1. ミニトマトは縦6等分に切る。
2. オレンジは小房に分けて身をはずし、一口大に切る。
3. えびは殻をむいて背わたを取り、ゆでて縦半分に切り、塩・こしょう（適量/分量外）をふり、オリーブオイル（少々/分量外）をまぶす。

仕上げ

1. カップに下準備したオレンジ、ミニトマト、〈キャロットラペ〉を詰める。
2. 〈白ワインとオレンジのゼリー寄せ〉をのせ、下準備したえび、〈トッピング〉のパセリを散らす。

- パセリ
- えび
- 白ワインとオレンジのゼリー寄せ
- キャロットラペ
- ミニトマト
- オレンジ

Part 1 オードブル

サーモンのパルフェ

フードプロセッサーに材料を入れるだけの、
簡単なムースの作り方をご紹介しましょう。
濃厚なサーモンムースの間に、
さっぱりした野菜をサンドして、絶妙な味わいです。

[材料] （直径60mm×高さ75mm）4人分

サーモンムース

スモークサーモン……80g

A
- クリームチーズ……80g
- サワークリーム……20g
- レモン汁……小さじ1
- 生クリーム（乳脂肪分38〜45％）……80g
  ※乳脂肪分の高い生クリームを使うと、ホイップをせずにフードプロセッサーにそのまま入れることができます。
- 塩……少々
- こしょう……少々

牛乳……大さじ1〜2

下準備

きゅうり……80g

セロリ……80g

トッピング

赤玉ねぎ（薄切り）……適宜

ケッパー……8粒

ディル……適量

スモークサーモン（横半分に切る）……1〜2枚

[作り方]

サーモンムースを作る

1. スモークサーモンは、一口大に切る。
2. フードプロセッサーに、1とAの材料を入れて攪拌する。牛乳は様子を見ながら加えてさらに攪拌し、なめらかなムースにする。

※フードプロセッサーに牛乳を最初から入れると、分離しやすくなります。

下準備をする

きゅうりとセロリは、1cm角に切る。

仕上げ

1. カップに〈サーモンムース〉、下準備したきゅうり・セロリ、〈サーモンムース〉の順に詰める。
2. 〈トッピング〉の赤玉ねぎ、ケッパー、ディル、軽く丸めたスモークサーモンをのせる。

赤玉ねぎ / スモークサーモン / ディル / ケッパー

根菜とチャーシューの彩りサラダ

市販のチャーシューが、
手作りのわさびマヨネーズで大変身。
オレンジ色、白、緑とカラフルで、
女子にうれしいヘルシーなサラダです。

[材料]（直径88mm×高さ73mm）4人分

大根……60g
チャーシュー（市販）……4枚
にんじん……60g
さやいんげん……6本
れんこん……40g

わさびマヨネーズ

練りわさび……小さじ1/2
塩……少々
こしょう……少々
マヨネーズ……50g
レモン汁……小さじ1
生クリーム……小さじ1

グリーンカール……適量

トッピング

クレソン……適量

[作り方]

1 大根は皮をむいて3cm長さの拍子木に切る。チャーシューは3～4cm長さの棒状に切る。

2 にんじんは皮をむいて3～4cm長さに切り、さらに5mm幅に切る。さやいんげんは筋を取って4cm長さに切る。それぞれ固めに塩ゆでし、ざるにあけて水気をしっかりきる。

3 れんこんは皮をむいて2～3mm厚さのいちょう切りにし、サッとゆでて、ざるにあけて水気をしっかりきる。

4 小さいボウルに〈わさびマヨネーズ〉の材料を入れ、よく混ぜる。1の大根とチャーシュー、2のにんじんとさやいんげん、3のれんこんを加えてよく混ぜる。

5 カップに、手でちぎったグリーンカールを敷き、4を詰め、〈トッピング〉のクレソンをのせる。

根菜とチャーシューの彩りサラダ

クレソン

いろいろ豆のピクルス

ピクルスは通常、ピクルス液を冷ましてから具材を入れ、
何日か漬け込まなければなりません。
ここで紹介するのは、熱々のピクルス液に具材を入れて、
冷凍庫で急冷する方法。数時間で味がしみて、かなりの時短になります。

[材料]（直径66mm×高さ55mm）4人分

ひよこ豆（水煮）……100g
キドニービーンズ（水煮）……50g
白いんげん豆（水煮）……50g
大豆（水煮）……50g

ピクルス液
酢……カップ1
水……カップ1/2
砂糖……大さじ3・1/2
塩……小さじ1
ローリエ（乾燥/小さめのもの）……4枚

きゅうり……1/2本
大根……50g

[作り方]

1 ざるに豆の水煮をあけ、水気をしっかりきり、ボウルに入れる。

2 小鍋に〈ピクルス液〉の材料を入れて沸騰させ、1の豆の水煮を加える。

3 ボウルに2を入れて、〈ピクルス液〉に密着するようにラップをし、冷凍庫へ20分入れた後、冷蔵庫へ移して豆のピクルスを作る。

4 きゅうりと大根は1cmの角切りにし、ボウルに入れて塩（少々/分量外）をふって10分おき、水気をしっかりきる。3の豆のピクルスの水気をサッときって加えて混ぜる。

5 カップに4のローリエ以外を詰め、ローリエ（1枚）をのせる。

彩りミニトマトの
カプレーゼ

とても簡単なレシピですが、
ドレッシングには３種のハーブを使って、
香りのハーモニーを楽しめるようにしています。
カラフルなミニトマトを使えば見た目もキュート。

[材料]（直径71㎜×高さ54㎜）4人分

ハーブ・ドレッシング

A ｜ 白ワインビネガー……大さじ1/2
　｜ オリーブオイル……大さじ1・1/2
　｜ 塩……適量

バジルの葉……小さじ2
イタリアンパセリの葉……小さじ2
ミントの葉……小さじ1

ミニトマト（赤・緑・黄）
……1パック（16個）
モッツァレラチーズ（一口サイズ）
……1袋（90g）

トッピング
バジルの葉……適量

[作り方]

1 〈ハーブ・ドレッシングを作る〉。小さいボウルに**A**の材料を入れて混ぜる。バジルの葉・イタリアンパセリの葉・ミントの葉はみじん切りにして加えて混ぜる。

2 縦半分に切ったミニトマト、モッツァレラチーズを加えて混ぜる。

3 カップに**2**を詰め、〈トッピング〉のバジルの葉を飾る。

菜園風ごろごろ野菜の
かんたんバーニャカウダソース

ちょっと珍しい野菜を使うと、ごちそう感がアップします。
トレビスは、紫キャベツのようですが、チコリの一種でやや苦みがあります。
紅芯大根はかぶのような形で、皮は薄い緑色で中は濃いピンク色、
甘みが強くコリコリした食感です。

[材料]（長辺90mm×高さ46mm）4人分

オクラ……2本
ヤングコーン……4本
※ゆでたパックのものを使っても可。
じゃがいも……30g
紅芯大根……30g
赤・オレンジパプリカ……各1/4個
かぶ……1/2個
黄ズッキーニ……1/3本

バーニャカウダソース
アンチョビペースト（チューブ）
……大さじ2
牛乳……小さじ2
にんにく（すりおろし）……小さじ1
オリーブオイル……大さじ2〜2・1/2

エンダイブ……適量
トレビス……適量

[作り方]

1 オクラは板ずりしてガクを取り、サッとゆでて水に入れて冷まし、縦半分に切る。ヤングコーンは熱湯でサッとゆでて水に入れて冷ます。じゃがいもは皮をむいてゆでて7〜8mm厚さのくし形に切る。

2 紅芯大根は2mm厚さの輪切りにする。赤パプリカ・オレンジパプリカは縦1cm幅に切る。かぶはくし形に切り、黄ズッキーニは7〜8mm厚さの輪切りにする。

3 小さいボウルに〈バーニャカウダソース〉の材料を入れて混ぜる。

4 カップに一口大に切ったエンダイブとトレビスを詰め、1と2の野菜をのせる。別のカップに、3の〈バーニャカウダソース〉を入れて添える。

海鮮の和風ジュレがけ

箸休めにもなる、おしゃれな酢の物です。
酢ゼリーだけでもさっぱりしておいしいのですが、
しょうゆドレッシングをかけると、
海鮮の風味がさらに引き立ち、コクが出ます。

[材料]（長辺71mm×高さ80mm）4人分

長いも……40g
冷凍シーフードミックス
……えび8尾、いか8個
海藻ミックス（乾燥）……10g

酢ゼリー

A
- 米酢……小さじ2
- しょうゆ……小さじ1/2
- 水……125mL
- グラニュー糖……小さじ1
- 塩……ひとつまみ
- 顆粒だし……小さじ2

板ゼラチン……2.5g

エンダイブ……適量
ラディッシュ（薄切り）……4枚

しょうゆドレッシング（市販）…大さじ1

[作り方]

1. 長いもは皮をむき、1cm角に切る。

2. 冷凍シーフードミックスは解凍する。

3. 海藻ミックスは湯で戻し、やわらかくなったら一口大に切る。

4. 〈酢ゼリー〉を作る。小鍋にAの材料を順に入れて混ぜ、中火にかける。沸騰したら火を止め、水で戻した板ゼラチンを入れてよく混ぜ、粗熱を取る。冷蔵庫に入れ30〜40分冷やして、とろりとさせる。

5. カップに、手でちぎったエンダイブ、3の海藻ミックス、1の長いも、2のシーフードミックスを順に詰め、〈酢ゼリー〉をかけ、ラディッシュ（1枚）をのせる。別のカップに、しょうゆドレッシングを入れて添える。

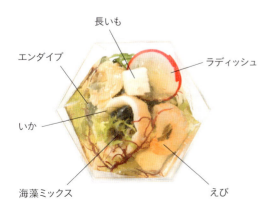

ハニーレモンチキン

市販の鶏のから揚げに、はちみつ＆レモン風味が加わると、
少し甘めで爽やかなデリの一品に早変わり。
お肉をがっつり食べたい男性や、
子どもにも人気の一品です。

[材料]（長辺65mm×高さ75mm）4人分

ハニーレモンソース

A
- レモン汁……大さじ2
- 塩……小さじ1/2
- 砂糖……大さじ1
- みりん……大さじ1/2
- はちみつ……大さじ1/2
- 水……40mL
- 水溶きコーンスターチ……
  コーンスターチ（小さじ1）＋
  水（小さじ1）

鶏のから揚げ（市販）……200g

トッピング
レモン（5mm幅の輪切り）……4〜5枚
セルフィーユ……適量

[作り方]

1. 〈ハニーレモンソース〉を作る。小鍋にAの材料を順に入れて混ぜ、中火にかける。沸騰したら火を止め、水溶きコーンスターチを加えて混ぜ、再び火にかけ、ひと煮立ちしたら火からおろす。

2. 鶏のから揚げが大きい場合は、半分に切る。

3. 小さいボウルに1の〈ハニーレモンソース〉を入れ、2の鶏のから揚げを加えてよく混ぜる。

4. カップに3を詰め、〈トッピング〉の1/4に切ったレモン、セルフィーユをのせる。

ミートボールとマッシュポテト

ミートボールを焼くときは、焼き色をしっかりつけるのがコツです。
そうすると煮たときに「煮崩れ」を防ぐことができます。
できたてのミートボールとマッシュポテトは熱いので、
必ず粗熱を取ってからカップに詰めましょう。

Part 1 オードブル

[材料]（縦105mm×横45mm×高さ50mm）4人分

ミートボール
玉ねぎ……1/2個
豚ひき肉……250g
卵……2個
A｜牛乳……大さじ2
　｜パン粉……70g
　｜パルミジャーノ（粉）……大さじ2
　｜みそ……大さじ1
　｜ナツメグ……適量
　｜塩……適量
　｜こしょう……適量
サラダオイル……大さじ1〜2

トマトソース（市販）……200g
上白糖……ふたつまみ
水……50mL

マッシュポテト
じゃがいも（中）……2個
バター……10g
牛乳……50mL
生クリーム……大さじ2
塩……少々
こしょう……少々

トッピング
イタリアンパセリの葉……適量

イタリアンパセリ
ミートボール
マッシュポテト

[作り方]

ミートボールを作る

1. 玉ねぎはみじん切りにし、電子レンジ（600W）で3分加熱する。
2. ボウルに豚ひき肉、1の玉ねぎ、卵、Aの材料を入れて粘りが出るまでよく混ぜ、2cmほどのボール状に丸め、12個作る。冷蔵庫へ入れ20分ほど休ませる。
3. バットに薄力粉（適量/分量外）を入れ、2を加えて薄力粉をまぶし、余分な粉をはたく。
4. フライパンにサラダオイルを中火で熱し、3を入れて転がしながら焼き色をつける。
5. 鍋にトマトソース、上白糖、水、4のミートボールを入れ、ふたをして弱火で12分ほど煮て、粗熱を取る。

マッシュポテトを作る

1. じゃがいもは洗い、皮をむかずに濡れたままの状態でラップに丸ごと包んで、電子レンジ（600W）で3分30秒〜4分加熱する（竹串をさしてスッと通ればよい）。
2. 熱いうちに手で皮をむき、ボウルに入れてめん棒やマッシャーなどで潰す。バター、牛乳を加えて潰しながら混ぜ、生クリームを加えて混ぜる。
3. 鍋に2を入れ、弱めの中火で1〜2分熱してよく混ぜ、とろりとさせる。
4. 火からおろし、塩・こしょうをふり、冷ます。

仕上げ

カップに〈マッシュポテト〉を詰め、〈ミートボール〉をのせ、〈トッピング〉のイタリアンパセリの葉をのせる。

チリビーンズとソーセージ

見た目は地味なチリビーンズも、
トッピングを華やかにすれば、パーティ用にもなります。
カップはフランス語のロゴ入りのものを選んで、
明るく軽やかなカフェ風に。

[材料]（直径76mm×高さ70mm）4人分

チリビーンズ
にんにく……1片
玉ねぎ……40g
セロリ……15g
トマト……70g
オリーブオイル……大さじ1
赤唐辛子……1/2本
ローリエ（乾燥）……1枚
牛ひき肉……80g
キドニービーンズ（水煮）……100g
※水気がある場合は、水気をきる。

A
- チリパウダー……小さじ2
- パプリカパウダー……小さじ2
- カレー粉………小さじ1/2
- 赤ワイン……25mL
- しょうゆ……大さじ1
- コンソメ……1/2個
- 砂糖………小さじ1
- 塩……ふたつまみ

トッピング
ソーセージ（チョリソ）……4本
トマト（1cmの角切り）……適量
コリアンダーの葉……適量
タコスチップス……適量

[作り方]

チリビーンズを作る

1. にんにく、玉ねぎ、セロリはみじん切りにする。トマトは1cmの角切りにする。赤唐辛子は種を取る。

2. 鍋にオリーブオイルを入れて中火で熱し、1のにんにく、赤唐辛子、ローリエを弱火で熱する。香りが出てきたら牛ひき肉、1の玉ねぎ・セロリを加え、牛ひき肉の色が変わるまで弱めの中火で炒める。

3. キドニービーンズ、1のトマト、Aの材料を加えて混ぜ、ふたをして10〜15分弱火で熱し、こしょう（適量/分量外）をふり、冷ます。

仕上げ

1. フライパンを中火で熱し、1/2長さの斜め切りにしたソーセージを炒め、冷ます。

2. カップに〈チリビーンズ〉を詰め、1のソーセージ、トマト、コリアンダーの葉、タコスチップスをのせる。

スペイン風オムレツのトマトソースがけ

オムレツのソース選びは、ちょっと迷うところです。
大人には酸味のあるトマトソースがおすすめですが、
子どもには少し甘めで味が濃いケチャップが喜ばれます。
ピックを刺して、ピンチョスのようにかわいらしく。

[材料]（縦91mm×横55mm×高さ40mm）4人分
※直径15cmのフライパン1台分

じゃがいも（中）……1個
玉ねぎ……1/2個
ズッキーニ……1/2本
ベーコン……40g
オリーブオイル……大さじ2
塩……少々
こしょう……少々

卵……4個
A ｜ パルミジャーノ（粉）……大さじ1・1/2
　｜ 塩……ふたつまみ
　｜ こしょう……少々

トマトソース（またはケチャップ）……適量

[作り方]

1 じゃがいもは洗い、皮をむかずに濡れたままの状態でラップに丸ごと包んで、電子レンジ（600W）で3分加熱し、ラップをはがして熱いうちに手で皮をむき、1cm角に切る。

2 玉ねぎは薄切り、ズッキーニは1cm角、ベーコンは1cm角に切る。

3 フライパンを中火にかけ、オリーブオイル（大さじ1）を入れて熱し、2のベーコン・玉ねぎ・ズッキーニ、1のじゃがいもの順に加えて炒め、塩・こしょうをふり、一度フライパンから取り出す。

4 ボウルに卵を入れてよく溶きほぐし、Aの材料を加えて混ぜる。さらに3の具材を加えてざっと混ぜる。

5 フライパンにオリーブオイルの残り（大さじ1）を入れて弱めの中火にかけ、4を加えて表面をへらで平らにし、ふたをして弱火で8〜10分焼く。

6 焼き色がついたら、皿を使ってひっくり返し、さらに中に火が通るまで、ふたをして弱火で2〜3分焼き、火からおろして冷ます。

7 カップに、好みの大きさに切った6を入れ、トマトソースをかけ、ピックを刺す。

COLUMN

カップデリを持ち運ぶアイデア

持ちよりパーティやお弁当に、カップデリは大人気。
作ったときのきれいな状態のまま、持ち運びたいものです。
箱に入れたり、カップホルダーを使ったり、いろいろな方法があります。

入手しやすい
「ケーキボックス」

もともとはケーキを入れるための箱ですが、カップデリにも使えます。カップとカップの間にすき間が大きくあいた場合は、画用紙などを小さく切って丸くして詰め、カップデリが動かないように固定しましょう。

カップデリをしっかり固定できる
「カップホルダー」

コーヒーなどを複数購入すると、こんなカップホルダーに入れてくれます。丸い穴にはいくつか切り込みがあるため、カップのサイズを選ばず、しっかり固定できます。そのまま紙袋やバスケットに入れて運びましょう。ラップをかけたり、カップとセットになったふたがあると安心です。

手作りとは思えないおしゃれな
「デザートボックス」

中身がきれいに見え、カップホルダーもついているデザートボックスも魅力です。このボックスにカップデリを入れれば、ホームメイドとは思えない完成度になり、ひときわ注目を集めるでしょう。

Part 2
カップサラダ

どれも女子に人気の野菜や豆をふんだんに使ったサラダです。決め手は、個性的な手作りドレッシング。ときには珍しい野菜も使って、パーティ感を盛り上げましょう。

Part 2 サラダ

ニース風サラダ

いつも冷蔵庫にあるような食材でも、
カップに詰めてトッピングするだけで、こんなにおしゃれに。
5種の野菜に、ツナと卵を加えて、
彩りよく食べごたえがあります。

[材料]（70mm角×高さ62mm）4人分

じゃがいも（中）……1個
グリーンアスパラガス……2本
ミニトマト……4個
赤玉ねぎ……1/8個
グリーンカール……適量
ツナ缶…50g
ゆで卵……1個

ドレッシング
白ワインビネガー……大さじ1・1/2
レモン汁……小さじ1/2
塩……小さじ1/2
こしょう……少々
オリーブオイル……大さじ2・1/2
アンチョビ（みじん切り）……1枚

[作り方]

1 じゃがいもは洗い、皮をむかずに濡れたままの状態でラップに丸ごと包んで、電子レンジ（600W）で3分加熱し、ラップをはがして熱いうちに手で皮をむき、1cm角に切る。

2 グリーンアスパラガスは3cm長さの斜め切りにし、塩ゆでしてざるにあけ、冷ます。

3 ミニトマトは縦半分に切り、赤玉ねぎは1〜2mmの薄切りにする。

4 グリーンカールは手で小さくちぎる。

5 ツナは余分な油をきってほぐす。

6 小さいボウルに〈ドレッシング〉の材料を入れ、よく混ぜる。

7 別のボウルに1〜3の野菜を入れ、6のドレッシングを加えて軽く混ぜる。

8 カップに4のグリーンカールを詰め、7の野菜をのせ、5のツナ、縦1/4に切ったゆで卵をのせる。

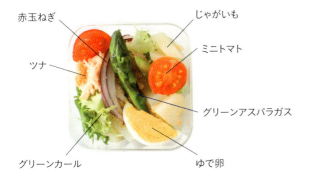

赤玉ねぎ／じゃがいも／ミニトマト／ツナ／グリーンアスパラガス／グリーンカール／ゆで卵

コブサラダと雑穀ミックス

いろいろな具材を角切りにしたコブサラダ。
カップの断面がきれいに見えるように、下から順に重ねていきます。
上にのせた雑穀は黒米、押し麦、レンズ豆など9種類のミックス。
女子にうれしいヘルシーサラダです。

[材料]（直径76mm×高さ100mm）4人分

雑穀ミックス……40g
ブロッコリー……50g
きゅうり……1/2本
ミニトマト……5個
オレンジパプリカ……1/2個
アボカド……1/2個
ロースハム（ブロック）……50g

オーロラ・ドレッシング
マヨネーズ……大さじ2
ケチャップ……大さじ1
レモン汁……小さじ1/2
塩……少々
こしょう……少々

[作り方]

1 沸騰した湯に雑穀ミックスを入れ、パッケージの表示通りにゆでてざるにあけ、冷ます。

2 ブロッコリーは小房に分け、塩ゆでしてざるにあけ、冷ます。

3 きゅうり、ミニトマト、オレンジパプリカ、アボカド、ロースハムは1cm角に切る。

4 小さいボウルに〈オーロラ・ドレッシング〉の材料を入れ、よく混ぜる。

5 カップに3のきゅうり、ロースハム、オレンジパプリカ、アボカド、ミニトマトを順に重ねて詰め、1の雑穀ミックス、2のブロッコリーをのせる。4の〈オーロラ・ドレッシング〉を別のカップに入れて添える。

ミモザサラダの
カリカリパン粉のせ

カリカリパン粉の作り方を覚えておくと、
グリーンサラダにちょっとかけるだけで、
香ばしくなって食べごたえ十分になります。
ロマネスコとカリフラワーで見た目もおしゃれ。

[材料]（縦100mm×横68mm×高さ38mm）4人分
ロマネスコ……50g
カリフラワー……50g
グリーンカール……適量
※ベビーリーフを使っても可。

タルタルソース
ゆで卵（みじん切り）……1個
マヨネーズ……大さじ2
酢……小さじ2
玉ねぎ（みじん切り）……10g
きゅうりのピクルス（みじん切り）……20g
塩……少々
こしょう……少々

カリカリパン粉
オリーブオイル……大さじ1/2
バター……5g
パン粉……25g
塩……ふたつまみ

[作り方]

1 ロマネスコとカリフラワーは小房に分け、塩ゆでしてざるにあけ、冷ます。

2 グリーンカールは、手で小さくちぎる。

3 小さいボウルに〈タルタルソース〉の材料を入れ、よく混ぜる。

4 フライパンに〈カリカリパン粉〉の材料を順に入れ、中火でこんがり炒め、火からおろして冷ます。

5 カップにグリーンカールを詰め、1の野菜をのせ、3の〈タルタルソース〉、4の〈カリカリパン粉〉をのせる。

Part 2 サラダ

えびとブロッコリーの サルサ・ドレッシング添え

サルサ・ドレッシングのスパイシーな味つけは、
パーティでも大人気。
カリッと香ばしいえびのから揚げによく合います。
コリアンダーは苦手な人が多いのでお好みで。

[材料]（直径80mm×高さ60mm）4人分

サルサ・ドレッシング

A
- 赤玉ねぎ……15g
- トマト……50g
- ピーマン……5g
- 赤ピーマン……5g

B
- コリアンダー（パウダー）……小さじ1/2
- チリソース……大さじ1/2
- トマトピューレ……大さじ1/2
- オリーブオイル……大さじ1
- レモン汁……小さじ1
- 塩……少々
- こしょう……少々

えびのから揚げ
- えび……4尾
- 塩……少々
- こしょう……少々
- から揚げ粉（市販）……大さじ3
- パプリカパウダー……小さじ1
- サラダオイル……適量

仕上げ
- ブロッコリー……1/4個
- グリーンカール……適量
- バターピーナッツ……大さじ1
- コリアンダーの葉……適量

[作り方]

〈サルサ・ドレッシング〉を作る

Aの野菜はすべてみじん切りにし、ボウルに入れる。別の小さいボウルに、Bの調味料を入れて混ぜ、Aの野菜にかけて混ぜる。

〈えびのから揚げ〉を作る

えびは殻をむいて背わたを取り、縦半分に切り、塩・こしょうをふる。から揚げ粉にパプリカパウダーを混ぜてえびにまぶし、サラダオイルで揚げてから、冷ます。

仕上げ

1. ブロッコリーは小房に分けて塩ゆでし、ざるにあけ、冷ます。

2. カップに手で小さくちぎったグリーンカールを詰め、1のブロッコリー、〈えびのから揚げ〉をのせ、砕いたバターピーナッツをふる。別のカップに〈サルサ・ドレッシング〉を入れ、コリアンダーの葉をのせる。

ブロッコリー　　えびのから揚げ
バターピーナッツ　グリーンカール

Part 2 サラダ

なすとトマトと厚揚げの
ピーナッツ・ドレッシング添え

エスニック風のピーナッツ・ドレッシングは、
ちょっと甘めで、ピリッと辛くて、コクのある味。
淡白な白身魚、鶏肉や豚しゃぶにかけてもおいしいです。
パンにも合うので、カットしたバゲットを添えてもいいですね。

[材料]（長辺84㎜×高さ42㎜）4人分

なす……1本
サラダオイル……適量
塩……少々
チンゲン菜……1株
トマト（小）……1/2個
厚揚げ……1/5枚

ピーナッツ・ドレッシング
干しえび……5個
ピーナッツバター……大さじ2
にんにく（すりおろし）……小さじ1/2
しょうが（みじん切り）……小さじ1
長ねぎ（小口切り）……小さじ1
ナンプラー……大さじ1/2
酢……大さじ1/2
しょうゆ……大さじ1/2
スイートチリソース……大さじ1/2
干しえびの戻し汁……大さじ1/2
赤唐辛子（種を取り輪切り）
……1本分

トッピング
バターピーナッツ……大さじ1

[作り方]

1　なすはヘタを取って乱切りにする。フライパンにサラダオイルを入れ中火で熱し、なすを入れて炒め、塩をふって火からおろして冷ます。

2　チンゲン菜は1～2㎝長さに切り、サッと塩ゆでしてざるにあけ、冷ます。

3　トマト、厚揚げは、1.5㎝角に切る。

4　小さいボウルに〈ピーナッツ・ドレッシング〉の材料を入れ、よく混ぜる。

5　別のボウルに、1のなす、2のチンゲン菜、3のトマトと厚揚げを入れて混ぜる。

6　カップに5の野菜類と厚揚げを詰め、〈トッピング〉の砕いたバターピーナッツをのせる。別のカップに〈ピーナッツ・ドレッシング〉を入れて添える。

Part 2 サラダ

いろいろ根菜の
洋風白和えサラダ

野菜のビビッドな色が、白いベールに包まれて、
見た目は上品でありながら、コクのあるおいしさです。
この「和え衣」をマスターすれば、
いろいろな野菜にアレンジできます。

[材料]（直径76mm×高さ63mm）4人分

ごぼう……60g
にんじん……60g
大根……60g
さつまいも……60g
れんこん……60g
ブロッコリー……90g
ぶなしめじ……1/2パック（50g）

和え衣
絹ごし豆腐……100g

A
- 白ごまペースト……大さじ2
- 生クリーム……大さじ2
- 上白糖……大さじ1
- 塩……ふたつまみ
- 薄口しょうゆ……小さじ1～小さじ1・1/2
- だし汁……大さじ1～2

トッピング
アーモンドスライス……適量

[作り方]

1 ごぼう、にんじん、大根は皮をむき、1.5cmほどの乱切りにする。

2 さつまいもは皮をむかず、1.5cmほどの乱切りにする。

3 れんこんは皮をむき、7～8mm厚さのいちょう切りにする。

4 ブロッコリーとぶなしめじは小房に分ける。

5 耐熱皿に1～4の野菜とぶなしめじを入れ、軽く霧を吹き、ラップをして電子レンジ（600W）で4～4分30秒加熱し、ざるにあけ、水気をよくきって冷ます。

6 〈和え衣〉を作る。絹ごし豆腐はペーパータオルで包み、電子レンジ（600W）で2分加熱して水きりをして冷ます。フードプロセッサーに水きりした絹ごし豆腐とAを入れ、なめらかにする。

7 ボウルに6を入れ、5の野菜とぶなしめじを加え、よく混ぜる。

8 カップに7を詰め、フライパンで軽く炒ったアーモンドスライスを散らす。

根菜類の白和え

アーモンドスライス

Part 2 サラダ

五色きんぴら

4種の野菜に、さつま揚げが加わって食べごたえ満点です。
みんなが好きな甘辛味に、白いりごまの風味がアクセント。
一つひとつの材料を、別々にきちんと下ごしらえするのが、
おいしく作るコツです。

[材料]（70mm角×高さ62mm）4人分

にんじん ……75g
赤パプリカ……70g
さやいんげん……40g
れんこん……40g
さつま揚げ……2枚
サラダオイル……大さじ1

A
砂糖……大さじ1
しょうゆ……大さじ4
みりん……大さじ1/2
酒……大さじ2
水……大さじ2

ごま油……小さじ1
白いりごま……大さじ1

[作り方]

1 にんじんは皮をむいて5cm長さに切り、さやいんげんよりも細めの棒状に切る。

2 赤パプリカは縦半分に切って種を取り、横半分に切って5mm幅に切る。

3 さやいんげんは筋を取り、3等分に斜め切りし、サッとゆでてざるにあける。

4 れんこんは皮をむいて薄い輪切りにし、さらに、1/4に切る。酢水（分量外／水200mL＋酢大さじ2）でサッとゆでて、ざるにあける。

5 さつま揚げは7〜8mm幅に切る。

6 フライパンにサラダオイルを入れて中火で熱し、1のにんじんを入れてサッと炒め、4のれんこん、3のさやいんげん、2の赤パプリカ、5のさつま揚げを加えて炒める。

7 Aの調味料を順に加え、汁気がほとんどなくなるまで炒める。ごま油を加えて混ぜ、火からおろして冷ます。

8 カップに7を詰め、白いりごまをふる。

しゃきしゃきレタスとペンネの
アンチョビ・マヨネーズソースサラダ

ショートパスタのもっちり感と、
しゃきしゃきレタスの歯ごたえが楽しい一品。
ペンネは、中が空洞で側面に細い溝があるため味がからみやすく、
おいしいソースを存分に味わうことができます。

[材料]（直径77mm×高さ96mm）4人分

アンチョビ・マヨネーズソース
オリーブオイル……大さじ1
にんにく（みじん切り）……小さじ1/4
アンチョビペースト……10g
A
- マヨネーズ……100g
- 牛乳……大さじ1/2
- 塩……少々
- 黒こしょう……少々

塩……小さじ2
ペンネ……100g
レタス……1/4個
赤パプリカ……1/4個

パセリの葉……適量

[作り方]

1. フライパンに〈アンチョビ・マヨネーズソース〉のオリーブオイル、にんにくを入れて弱火にかけ、香りが立ったら、アンチョビペーストを加えて炒め、ボウルに入れる。冷めたら、Aの調味料を加えて混ぜる。

2. 鍋にたっぷりの湯を沸かして塩を入れ、ペンネをパッケージの表示通りにゆでてざるにあけ、水気をきる。

3. レタスは一口大に手でちぎる。赤パプリカは縦3〜4mm幅に切ってから1/2長さに切り、別の鍋でサッとゆでてざるにあけ、水気をしっかりきる。

4. 1のボウルに、2のペンネ、3のレタスと赤パプリカを入れて混ぜる。

5. カップに4を詰め、みじん切りにしたパセリをふる。

パセリ
ペンネ
レタス
赤パプリカ

香味野菜と豚肉と切り干し大根のサラダ

それぞれに個性の強い香味野菜を、
ポン酢・ドレッシングがひとつにまとめてくれます。
意外な野菜の組み合わせが、
パーティの話題になりそう。

[材料]（長辺66mm×高さ50mm）4人分

切り干し大根（乾燥）……20g
豚もも肉……50g
せり……1/4パック
クレソン……1/2束
糸三つ葉……1/3束
水菜……2株
春菊……1/3束

ポン酢・ドレッシング

米酢……15g（大さじ1）
太白ごま油……20g（大さじ1・1/2）
砂糖……ふたつまみ
かぼす果汁……大さじ1弱
※すだちでも可。
薄口しょうゆ……2.5g（小さじ1/2）
はちみつ……小さじ1/3
和風顆粒だし……少々
塩……少々
こしょう……少々

白いりごま……適量
かぼす……1個

[作り方]

1. 切り干し大根は20〜30分水につけて戻す。水で洗い流してざるにあけ、水気をきり、3cm長さに切る。

2. 豚もも肉は2〜3cm長さに切り、湯通ししてざるにあけ、水気をきり、冷ます。

3. せり、クレソン、糸三つ葉、水菜、春菊は3〜4cm長さに切る。

4. ボウルに〈ポン酢・ドレッシング〉の材料を入れ、よく混ぜる。1の切り干し大根、2の豚もも肉、3の香味野菜を加えて混ぜる。

5. カップに4を詰め、白いりごまをふり、縦1/4のくし形に切ったかぼすをのせる。

三色ビーンズと豆腐サラダ

豆の水煮は手軽に使えるので、とても便利。
彩りよく豆を数種類そろえると、ポップな印象になります。
ドレッシングにとろみをつけて、
味をからみやすくするのがコツです。

[材料]（直径74mm×高さ76mm）4人分

アボカド……1/2個
木綿豆腐……120g

ドレッシング
砂糖……小さじ2・1/2
しょうゆ……大さじ1・1/2
水……大さじ2
みりん……小さじ2
しょうが（しぼり汁）……小さじ1
水溶き片栗粉……水（大さじ1）＋
　　片栗粉（小さじ2）

ひよこ豆（水煮）……100g
黒豆（水煮）……100g
枝豆（冷凍）……70g

うずらの卵（水煮）……2個

[作り方]

1　アボカドは種を除いて皮をむき、1cm角に切る。

2　木綿豆腐はペーパータオルで包み、電子レンジ（600W）で2分加熱して水きりをし、一口大に手でちぎる。

3　小鍋に〈ドレッシング〉の材料を順に入れて混ぜ、中火にかけて沸騰したら火からおろし、水溶き片栗粉を加えて混ぜる。再び火にかけ、とろみをつける。

4　ボウルに3と、3種の豆を入れて混ぜ、1のアボカド、2の木綿豆腐を加えて混ぜる。

5　カップに4を詰め、横半分に切ったうずらの卵をのせる。

Part 2 サラダ

エリンギと緑の野菜の
しゃきしゃきサラダ

緑の野菜は、食感を残すために、
ゆですぎないことがポイントです。
緑色が濃くなってきたら、ゆで上がりのタイミング。
シンプルなドレッシングで、さっぱりといただきます。

[材料]（長辺65mm×高さ75mm）4人分

エリンギ……1パック（100g）
キャベツ（外葉）……4枚
スナップえんどう……6本
さやいんげん……8本

ドレッシング
酢……大さじ1
塩……少々
こしょう……少々
砂糖……小さじ1/2
しょうゆ……大さじ1
サラダオイル……大さじ2
ごま油……小さじ1

パセリの葉……適量

[作り方]

1. エリンギは縦に割く。フライパンにサラダオイル（適量/分量外）を入れて中火で熱し、塩・こしょう（少々/分量外）をふり、ふたをして2〜3分蒸し焼きにする。

2. キャベツは一口大に手でちぎる。スナップえんどう、さやいんげんは3〜4cm長さに斜めに切る。スナップえんどう、さやいんげん、キャベツの順にたっぷりの湯でサッとゆでてざるにあけ、水気をしっかりきる。

3. 小鍋に〈ドレッシング〉の材料を入れ、中火にかけて沸騰させ、火からおろして粗熱を取る。

4. ボウルに3を入れ、1のエリンギ、2の野菜、みじん切りにしたパセリを入れて混ぜる。冷蔵庫に入れ、30分ほど漬け込む。

5. カップに4を詰める。

Part 2 サラダ

しっとりチキンと焼きなすの和風サラダ

水分の多い具材を和えるときは、
水溶き片栗粉を加えてとろみをつけたドレッシングを使うと、
味がしみこみやすく、
時間が経っても水分が出なくておいしくいただけます。

[材料]（直径56mm×高さ73mm）4人分

なす……2本
グリーンカール……適量
※エンダイブでも可。
サラダチキン（市販）……1/2個

和風ドレッシング
しょうゆ……大さじ2
水……大さじ2
みりん……小さじ2・1/2
砂糖……小さじ1
しょうが（しぼり汁）……小さじ1

水溶き片栗粉……水（小さじ2）＋
　　　　　　　片栗粉（小さじ2）

みょうが……1本
グリーンカール……適量
白いりごま……適量

[作り方]

1. なすは縦に5本の浅い切れ目を入れる。魚焼きグリルに水を入れ、20分焼く（途中10分でひっくり返す）。ボウルに入れた水に取って冷まし、手で皮をむいて縦に割き、一口大に切る。ペーパータオルで包み、水気をしっかり取る。

2. グリーンカールは手で小さくちぎる。

3. サラダチキンは手で一口大に割く。

4. 鍋に〈和風ドレッシング〉の材料を順に入れて混ぜ、中火にかけて沸騰したら火を止める。水溶き片栗粉を加えて混ぜ、粗熱を取る。1のなす、3のサラダチキンを加えて混ぜる。

5. カップに2のグリーンカールを敷き、4を詰め、せん切りにしたみょうがとグリーンカールをのせ、白いりごまをふる。

※より和風に仕上げたい場合は、グリーンカールの代わりに、大葉（2枚/分量外）のせん切りをのせてもいいでしょう。

白いりごま
グリーンカール
みょうが
なす
サラダチキン

Part 2 サラダ

シーフードと根菜の
シーザーサラダ

シーザー・ドレッシングは自宅でも簡単に作れます。
マヨネーズを使うレシピもありますが、
ここではパルミジャーノを使ってコクを出しています。
マスタードが効いた大人の味です。

[材料]（縦90mm×横55mm×高さ35mm）4人分

シーフードミックス（冷凍）……100g
里いも……2個
れんこん……40g

シーザー・ドレッシング

にんにく（すりおろし）……小さじ1/3
マスタード……小さじ2
白ワインビネガー……大さじ2
オリーブオイル……大さじ4
塩……少々
こしょう……少々
パルミジャーノ（粉）……大さじ2

水菜……適量
トレビス……適量

トッピング

フライドオニオン（市販）……適量

[作り方]

1 冷凍のシーフードミックスは解凍し、ペーパータオルで包んで水気をしっかり取る。

2 里いもは皮をむき、ゆでて一口大に切る。れんこんは皮をむいて2〜3mm厚さのいちょう切りにし、酢水（分量外/水200mL＋酢大さじ2）にくぐらせ、軽くゆでてざるにあけ、水気をきる。

3 ボウルに〈シーザー・ドレッシング〉の材料を入れて混ぜ、1のシーフードミックスと2の里いもとれんこんを加えて混ぜる。

4 カップに、1.5cm長さに切った水菜、一口大に切ったトレビスを敷き、3を詰め、フライドオニオンをのせる。

Part 2 サラダ

かぼちゃとさつまいものクリーミーサラダ

女子が大好きなかぼちゃとさつまいもに、
クリームチーズとシナモンをきかせたスイーツのようなサラダ。
ちょっと面倒かもしれませんが、ぜひ蒸し器で作ってみてください。
ひとクラス上の、おいしさが味わえます。

[材料]（長辺60mm×高さ68mm）4人分

かぼちゃ……135g
さつまいも……100g

クリームチーズ……50g
きび砂糖……大さじ1
かぼちゃ（ペースト）……35g
（上記のかぼちゃから、35gを取り分けたもの）
牛乳……大さじ1～2
バニラエッセンス……4～5滴
塩……少々
こしょう……少々
マヨネーズ……大さじ1

シナモンパウダー……適量
かぼちゃの種（市販）……適量
※アーモンドスライスでも可。

[作り方]

1. 種とワタを取ったかぼちゃとさつまいもは、皮つきのまま蒸し器で10分ほど、スッと竹串が入るまでやわらかく火を通す。蒸したかぼちゃ（35g）は皮を取り、熱いうちにフォークの背かマッシャーで潰してペースト状にする。さつまいもと残りのかぼちゃ（100g）は、一口大に切る。

2. ボウルにクリームチーズ、きび砂糖を入れて混ぜる。1のかぼちゃペースト、牛乳、バニラエッセンスの順に加えて混ぜ、塩・こしょうをふり、マヨネーズを加えて混ぜる。

3. 2に、1の一口大に切ったかぼちゃとさつまいもを加えて混ぜる。

4. カップに3を詰め、シナモンパウダーをふり、フライパンで軽く炒ったかぼちゃの種をのせる。

※蒸し器がない場合は、電子レンジを使ってもできます。耐熱容器に、かぼちゃ（種とワタを取り、皮をむく）、さつまいも、水（大さじ1）を入れ、ラップをかけて電子レンジ（600W）で3分半～4分、竹串がスッと入るまで加熱します。

COLUMN

「野菜」をカップに見立てる

わざわざカップを購入しなくても、
野菜の皮をカップとして有効利用する方法もあります。
包丁やスプーンでくり抜いた中身を調味料で和えて、野菜カップに戻します。

トマトのファルシー

[材料] 4人分

ミディトマト……4個
かぶ（中）……2個
スモークサーモン……30g
かにかまぼこ……4本
塩……少々
こしょう……少々
マヨネーズ……大さじ3
セルフィーユ……適量

[作り方]

1. ミディトマトは上1/3のところで横に切って、包丁で中身をくり抜く。中身は種を取って角切りにする。
2. かぶは皮をむいて縦薄切りにして軽く塩（適量/分量外）をふり、もんで水気を絞る。
3. ボウルに一口大に切ったスモークサーモン、手で裂いて1cm長さにしたかにかまぼこ、2のかぶに塩・こしょうをふる。マヨネーズを加えて混ぜる。
4. 1の中身をくり抜いたミディトマトに3を詰め、1の角切りにしたミディトマトをのせ、セルフィーユをのせる。

アボカドのファルシー

[材料] 4人分

アボカド（小）……2個
塩……少々
こしょう……少々
レモン汁……小さじ1
きゅうり……60g
セロリ……30g
赤玉ねぎ……10g

A：
白ワインビネガー……小さじ1
オリーブオイル……大さじ1・1/2
砂糖……ひとつまみ
塩……ふたつまみ

ツナ缶……25g
レモン（薄切り）……適量

[作り方]

1. アボカドは縦半分に切り、種を取る。スプーンで中身をくり抜いてボウルに入れマッシャーかフォークの背でつぶし、塩・こしょう、レモン汁をふる。
2. きゅうりはスライサーで薄く輪切りにし、セロリは筋を取って2cm長さの細切りにする。赤玉ねぎはスライスし、水にさらして水気をしっかり絞る。すべての野菜に軽く塩（適量/分量外）をふってもむ。
3. ボウルにAの材料を入れて混ぜ、ドレッシングを作る。
4. 2の野菜を加え、油をきったツナ、1のアボカドを加えて混ぜる。
5. 1で中身をくり抜いたアボカドの皮に4を詰め、半月切りにしたレモンを添える。

Part 3
カップごはん

まるで「ミニお弁当」のようなカップデリ。ご飯、パスタ、麺に、おかずがプラスされてボリューミーです。カップを片手に、スプーンやフォークで、どこでも気軽に楽しめます。

彩りロコモコ丼

ハンバーグは手でしっかりこねて楕円形にしたら、
左右の手のひらに打ちつけて空気を抜くと、焼いたときに崩れません。
また、焼くときには、表面に焼き色がつく程度で大丈夫です。
その後、ソースで煮込むので、生焼けの心配はありません。

[材料]（73mm角×高さ71mm）4人分

ハンバーグ
合い挽き肉……120g
玉ねぎ……1/6個
塩……少々
こしょう……少々
サラダオイル……大さじ1

ソース
ケチャップ……大さじ4
とんかつソース……大さじ2
しょうゆ……大さじ1
酒……大さじ1
水……大さじ1

ご飯（冷めたもの）……2膳分

仕上げ
うずらの卵の目玉焼き……4個
グリーンカール……2〜3枚
きゅうり（薄切り）……8枚
トマト……適量

[作り方]

ハンバーグを作る

1 ボウルに合い挽き肉を入れ、みじん切りにした玉ねぎを加え、塩・こしょうをふり、粘りが出るまで手でよく混ぜる。4等分にし、楕円形にする。

2 フライパンにサラダオイルを中火で熱して1を並べ、両面をこんがりと焼いて取り出す。

ソースを作る

フライパンに〈ソースの材料〉を入れて中火で熱する。

ソースでハンバーグを煮込む

〈ソース〉に〈ハンバーグ〉を加えてふたをし、弱火で5〜6分煮込んで、火からおろして冷ます。

仕上げ

1 カップにご飯を詰め、ソースで煮込んだ〈ハンバーグ〉をのせ、残ったソースをかける。さらにうずらの卵の目玉焼きをのせる。

2 手で小さくちぎったグリーンカール、きゅうり、1.5cm角に切ったトマトを添える。

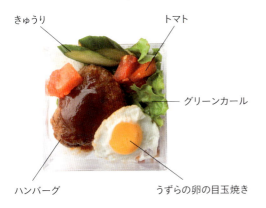

十六穀米のタコライス

タコライスは、タコスの具材をライスにのせた沖縄の料理です。
サルサソースをかけることも多いのですが、
ここではオリジナルのレシピに近づけ、
素材の味を活かした、さっぱり味にしています。

[材料]（縦105mm×横45mm×高さ50mm）4人分

にんにく……小さじ1
しょうが……小さじ1
サラダオイル……大さじ1
豚ひき肉……150g
塩……少々
こしょう……少々

A
酒……大さじ1
しょうゆ……大さじ1
ケチャップ……大さじ2
チリパウダー……小さじ1

十六穀米のご飯（冷めたもの）
……2膳分

レタス……適量
赤玉ねぎ……適量
ピザ用チーズ……適量
ミニトマト……2個
すだち……1個
コリアンダー……適量

[作り方]

1　にんにく、しょうがはみじん切りにする。

2　鍋にサラダオイルを弱火で熱し、1のにんにく・しょうがの順に炒め、香りが立ったら豚ひき肉を加え、塩・こしょうをふり、中火でパラパラになるまで炒める。

3　2にAの材料を順に加え、混ぜながら炒め、火からおろして冷ます。

4　カップに十六穀米のご飯を詰め、3をのせ、細切りにしたレタス、薄切りにした赤玉ねぎ、ピザ用チーズをのせる。縦半分に切ったミニトマト、縦1/4のくし形に切ったすだち、手で小さくちぎったコリアンダーをのせる。

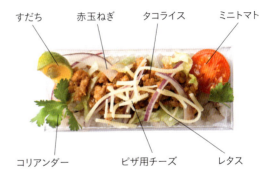

コンビーフでビビンバ風

炒めご飯を作るときには、混ぜすぎないのがポイント。
フライパンにご飯を入れたら、片面ずつじっくり焼けば、
石焼きのように香ばしくなります。
好みで、手でちぎった焼きのりをかけても。

[材料]（直径90mm×高さ65mm）4人分

コチュジャンだれ
焼き肉のたれ（市販）……大さじ1
コチュジャン……小さじ1
ごま油……少々
しょうゆ……小さじ1

ナムル
にんじん……20g
豆もやし……40g
ほうれん草……40g
塩……少々

A｜ にんにく（すりおろし）……
　　　野菜それぞれに少々
　　ごま油……
　　　野菜それぞれに小さじ1/2ずつ
　　白いりごま……
　　　野菜それぞれに小さじ1ずつ

炒めご飯
ごま油……小さじ2
ご飯（冷めたもの）……2膳分

仕上げ
コンビーフ……1/2缶（50g）
白いりごま……適量
うずらの卵（水煮）……2個

[作り方]

コチュジャンだれを作る
小さいボウルに〈コチュジャンだれ〉の材料を入れて混ぜる。

ナムルを作る

1 にんじんは皮をむいて3cm長さに切り、さらにせん切りにする。

2 1のにんじんと、豆もやし、ほうれん草は塩を加えた熱湯で別々にゆで、ざるにあけ、水気をしっかりきる。ほうれん草は3cm長さ、豆もやしは1/2の長さに切る。

3 3つの小さいボウルに、2の野菜を別々に入れる。ボウルごとに、Aを加えて混ぜ、下味をつける。

炒めご飯を作る
フライパンにごま油を中火で熱し、ご飯の両面を焼きつける。

仕上げ

1 カップに〈炒めご飯〉を詰め、〈コチュジャンだれ〉をかけ、〈ナムル〉、ほぐしたコンビーフをのせ、冷ます。

2 白いりごまをふり、横半分に切ったうずらの卵をのせる。

ドライカレーの
フライドオニオンのせ

炊きたてご飯を使うのがベスト。
冷たいご飯の場合は、電子レンジにかけて温めてください。
オイスターソースを使うのは珍しいかもしれませんが、
コクが出ておいしくなります。

[材料] (直径76mm×高さ63mm) 4人分

にんにく……1/2片
しょうが……1/2片
玉ねぎ……1/6個
にんじん (中)……1/3本
ピーマン……1個
トマト (中)……1/2個
サラダオイル……大さじ1・1/2
豚ひき肉……100g

ご飯 (温かいもの)……2膳分

A｜ケチャップ……大さじ1・1/2
　｜カレー粉……大さじ1・1/2
　｜顆粒コンソメ……小さじ1/2

B｜オイスターソース……小さじ2
　｜塩……少々
　｜こしょう……少々

レーズン……20粒

フライドオニオン (市販)……適量
イタリアンパセリの葉……適量

[作り方]

1　にんにく、しょうが、玉ねぎ、皮をむいたにんじん、ピーマンはみじん切りにする。

2　トマトは湯むきをして種を取り、1cm角に切る。

3　フライパンにサラダオイルを入れて弱火で熱し、1のにんにく、しょうがを炒め、香りが立ったら豚ひき肉を中火で炒める。1の玉ねぎ、にんじん、ピーマンの順に加えて炒める。

4　2のトマトを加えて潰すようにしながら炒め、1分ほど強火にして水分をとばす。

5　4に温かいご飯を入れ、Aの調味料を加えて炒める。さらに、Bの調味料とレーズンを加えて炒める。

6　カップに5を詰め、フライドオニオンをのせ、みじん切りにしたイタリアンパセリを散らす。

山菜ときのこのリングイネ

リングイネは断面が楕円形になっているロングパスタ。
弾力があってモチモチした食感なので、あっさりした和風でも、
しっかり味がからんでくれます。

[材料]（縦90mm×横55mm×高さ35mm）4人分

- ぶなしめじ……1/2株
- にんにく……1片
- 山菜ミックス（水煮）……120g
- リングイネ……120g
- 赤唐辛子……1本
- オリーブオイル……大さじ1
- A
  - リングイネのゆで汁……60g
  - 顆粒だし……小さじ2
- B
  - しょうゆ……大さじ1
  - 酒……大さじ1・1/2
- 塩……少々
- こしょう……少々
- 白髪ねぎ……適量
- 刻みのり……適量

[作り方]

1. ぶなしめじは小房に分ける。にんにくは潰す。山菜ミックスはざるにあけ、水気をきる。

2. リングイネはパッケージの表示通りにゆでる。

3. フライパンに種を取った赤唐辛子、1のにんにく、オリーブオイルを入れて弱火で熱し、にんにくの香りが立ったら1のぶなしめじを加えて中火で炒める。

4. 2のリングイネを入れて炒め、1の山菜ミックスを加えて炒め、さらにAを加えて全体をあおるようにして中火で炒める。

5. Bを加え、さらにフライパンをあおるようにして中火で炒め、塩・こしょうをふる。

6. カップに5を赤唐辛子を除いて詰め、白髪ねぎ、刻みのりをのせる。

ドライトマトとサラミの
ショートパスタ

シンプルな味つけですが、ドライトマトの濃厚な旨みで、
にんにくなしでも十分なおいしさ。
フォークで食べやすいショートパスタは、
パーティ・メニューにぴったりです。

[材料]（長辺65mm×高さ65mm）4人分

ドライトマト……25g
サラミ……3枚
マカロニ……80g
パルミジャーノ（粉）……大さじ2
グリーンオリーブ……8粒
塩……少々
こしょう……少々
オリーブオイル……大さじ2〜3
バジルの葉……適量

トッピング
バジルの葉……適量

[作り方]

1 ドライトマト、サラミは一口大に切る。

2 マカロニはパッケージの表示通りにゆで、ざるにあけ、水気をきる。

3 ボウルに1のドライトマト・サラミ、2のマカロニ、パルミジャーノ、グリーンオリーブ、塩、こしょうの順に入れてよく混ぜる。オリーブオイルを入れて混ぜ、手でちぎったバジルを加えて混ぜる。

4 カップに3を詰め、〈トッピング〉のバジルの葉をのせる。

ラオス風ひき肉そぼろご飯

カップに詰めた直後に少したれをかけてなじませ、
食べる直前に、たれをたっぷりかけていただきます。
スイスに留学中、ラオスのクラスメイトから教わったレシピを、
カップデリ風にアレンジしたものです。

[材料]（直径80mm×高さ76mm）4人分

豚ひき肉……150g
にんにく（みじん切り）……1片
グラニュー糖……大さじ1
ナンプラー……大さじ1・1/2

A
| ナンプラー……大さじ1
| ライム（しぼり汁）……大さじ1
| 豆板醤……小さじ1/3
| はちみつ……小さじ1
| にんにく（すりおろし）……小さじ1

エンダイブ……適量

ご飯（冷めたもの）……2膳分

ミントの葉……適量

[作り方]

1. 鍋に、豚ひき肉、にんにく、グラニュー糖、ナンプラーを一度に入れ、ホイッパーでよく混ぜる。中火にかけ、豚ひき肉に火が通ったら止め、豚ひき肉のそぼろを作り、冷ます。

2. 小さいボウルにAの材料を合わせて、たれを作る。

3. エンダイブは手で小さくちぎる。

4. カップにご飯、3のエンダイブ、ご飯、3のエンダイブの順に詰め、1の豚ひき肉のそぼろをのせ、ミントの葉をのせる。2のたれを少しかけ、残りのたれは別のカップに入れて添える。

ミント
エンダイブ
豚ひき肉のそぼろ
ご飯

野菜たっぷり焼きそば

肉や魚介をまったく使わず、
7種の野菜ときのこの風味を活かした焼きそばです。
オイスターソースでコクと旨みをプラスしています。
好みで酢をかけてもいいでしょう。

[材料]（70mm角×高さ62mm）4人分

中華蒸し麺……1玉

A
- 水……大さじ2
- オイスターソース……小さじ2
- しょうゆ……小さじ2
- 塩……ふたつまみ
- 砂糖……小さじ1/2

長ねぎ……30g
キャベツ（外葉）……2枚
絹さや……20g
チンゲン菜……150g
赤パプリカ……20g
生しいたけ……2個
にら……20g
もやし……120g

サラダオイル……大さじ1
塩……少々
こしょう……少々
ごま油……適量

[作り方]

1　中華蒸し麺は袋のまま電子レンジ（600W）で1分ほど加熱する。

2　小さいボウルに、Aの調味料を入れて混ぜる。

3　長ねぎは2mm厚さの斜め切り、キャベツは手で一口大にちぎる。絹さやは斜めに2等分に切り、チンゲン菜は2cm長さに切る。赤パプリカは縦せん切りにして2cm長さに切る。生しいたけは薄切りにする。にらは2cm長さに切る。

4　フライパンにサラダオイルを中火で熱し、3の野菜・生しいたけ、もやしを炒め、塩・こしょうをふる。

5　1の中華蒸し麺を加えて炒め、水（大さじ2/分量外）を入れて麺をほぐす。2の調味料を加えて手早く炒め、ごま油をかけてさらに炒め、火からおろして冷ます。

6　カップに5を詰める。

海鮮ちらし寿司

きれいな色の「とびっこ寿司めし」は見た目に華やか。
トッピングする魚介類は、好みのものにアレンジ可能です。
ただし、長く持ち歩く場合は、光り物はいたみやすく、
まぐろは色が変わりやすいので注意して。

[材料]（73mm角×高さ60mm）4人分

とびっこ寿司めし
ご飯（温かいもの）……3膳分
A｜米酢……80mL
　｜塩……小さじ1・1/2
　｜上白糖……大さじ2
とびっこ……大さじ3

炒り卵
卵……1個
B｜上白糖……小さじ2
　｜塩……ひとつまみ
サラダオイル………適量

仕上げ
刺身用サーモン（1.5cm角切り）
……適量
えび（殻をむいて背わたを取り、
ゆでる）……4尾
ゆでだこ（ぶつ切り）……適量
アボカド（1cm角）……適量
絹さや（ゆでて、1cm長さの斜め切り）
……3〜4本
エンダイブ……適量

[作り方]

とびっこ寿司めしを作る
ボウルに温かいご飯を入れ、Aの調味料をまぶしてしゃもじで切るように混ぜ、とびっこを加えて混ぜ、冷ます。

炒り卵を作る

1　ボウルに卵を入れて溶きほぐし、Bの調味料を加えて混ぜ、卵液を作る。

2　フライパンにサラダオイルを中火で熱し、1の卵液を入れて箸で混ぜ、火からおろして冷ます。

仕上げ
カップに〈とびっこ寿司めし〉、〈炒り卵〉、〈とびっこ寿司めし〉の順に詰める。魚介類、アボカド、絹さやをのせ、手でちぎったエンダイブを散らす。

本格チャプチェ

春雨は原料によって、大きく3種類に分かれます。
じゃがいもとコーンスターチを使った「でんぷん（国産）春雨」、
緑豆でんぷんを使った「緑豆（中国）春雨」、
そして、さつまいものでんぷんを使った「韓国春雨」。韓国春雨は、
コシが強くて時間がたってものびないため、カップデリにはぴったりです。

[材料] （直径76㎜×高さ100㎜）4人分

きくらげ（乾燥）………5g
韓国春雨（乾燥）……50g

牛薄切り肉……50g

A
| しょうゆ……大さじ2
| 砂糖……大さじ1/2
| みりん……小さじ1
| 塩……ふたつまみ

玉ねぎ……1/3個
にんじん（中）……1/3本
エリンギ……1本
にら……1/2束

B
| しょうゆ……大さじ1/2
| 砂糖……小さじ1
| にんにく（すりおろし）……1片分
| ごま油……小さじ1/2
| 白すりごま……適量

ごま油……小さじ1
塩……少々
糸唐辛子……少々
白いりごま……適量

[作り方]

1. きくらげはぬるま湯で戻し、ざるにあけ、水気をきり、粗みじん切りにする。韓国春雨は熱湯で5〜6分ゆで、食べやすい長さに切る。牛薄切り肉は細切りにする。

2. 小さいボウルにAの材料を入れて混ぜ、1の牛薄切り肉を加えてさらに混ぜる。

3. 玉ねぎは縦薄切り、にんじんは皮をむいて3㎝長さに切り、せん切りにする。エリンギは手で縦に裂き、にらは1㎝長さに切る。

4. フライパンにごま油を中火で熱し、玉ねぎ、にんじん、エリンギ、にら、きくらげの順に炒めて塩をふり、ボウルに入れる。

5. 同じフライパンで2の牛薄切り肉を中火で炒め、火が通ったら4のボウルに加える。

6. フライパンにBの調味料を入れて中火にかけ、1の韓国春雨を加えて汁気がなくなるまで炒りつけ、4のボウルに入れ、冷ます。

7. カップに6のチャプチェを詰め、糸唐辛子をのせ、白いりごまをふる。

かんたんパエリア

米は炊飯器で炊き、具材はフライパンで炒めるだけ。
誰でも簡単にパエリアが作れます。
魚介類は手に入るものを用意してください。
ムール貝はなくても、十分においしく作れます。

[材料]（縦89mm×横64mm×高さ50mm）4人分

米……1合

いか……1/2杯
えび（殻をむき、背わたを取る）……4尾
ムール貝……4個
あさり（砂抜きしたもの）……100g
白ワイン……大さじ2

にんにく……1片
玉ねぎ……1/4個
赤・黄パプリカ……各1/4個
オリーブオイル……大さじ1
パプリカパウダー……大さじ1/2
カレー粉……大さじ1/2
トマトピューレ……大さじ2

水……170mL
コンソメ（キューブ）……1/2個
塩……小さじ1/2
こしょう……少々

トッピング
レモン（薄切りを3等分に扇形に切る）
……適量
イタリアンパセリの葉……適量

[作り方]

1 米はサッと洗い、ざるにあける。

2 いかは皮つきのまま1cmの輪切りにする。

3 鍋にえび、ムール貝、あさり、2のいか、白ワインを入れてふたをし、貝の口が開くまで蒸し煮にする。

4 3をざるにあけ、汁と具を分ける。

5 にんにく、玉ねぎはみじん切りにする。赤・黄パプリカは横に2等分に切り、縦1cm幅に切る。

6 フライパンにオリーブオイルを中火で熱し、5を順に入れて炒め、米を加えて炒める。パプリカパウダーとカレー粉を入れて混ぜ、トマトピューレを加えてさらに炒める。

7 鍋に水を入れて沸かし、コンソメを加えて溶かす。4の魚介類の汁を入れてひと煮立ちさせ、塩・こしょうをふる。

8 炊飯器に6と7を入れ、スイッチを入れる。炊き上がったら4の魚介類の具を加えて混ぜる。

9 カップに8のご飯を詰め、魚介類、野菜、レモンをのせ、イタリアンパセリの葉を添える。

シンガポール風チキンライス

あらかじめ鶏もも肉にナンプラーソースをからめておき、
さらに、直前にソースをかけていただきます。
ナンプラーとレモンの酸味、コリアンダーの香りが。
エスニック好きには、たまらない一品です。

[材料]（縦91㎜×横55㎜×高さ40㎜）4人分

コリアンダー……適量
セロリの葉……適量

ナンプラーソース
ナンプラー……大さじ1
グラニュー糖……小さじ1
赤唐辛子（種を取り、輪切り）
……約1本分
レモン汁……大さじ2
塩……小さじ1/2

鶏もも肉……1枚（250g）
塩……小さじ1弱
レモン汁……大さじ1/2

ご飯（冷めたもの）……2膳分

トッピング
レモン……適量
コリアンダーの葉……適量

[作り方]

1 コリアンダー、セロリの葉はみじん切りにする。

2 小さいボウルに〈ナンプラーソース〉の材料を入れ、混ぜる。

3 鶏もも肉は皮目にフォークで穴をあけ、耐熱皿に入れる。塩をふり、レモン汁をかけ、1をのせ、ラップをして電子レンジ（600W）で4分半加熱する。取り出して、ラップをしたまま余熱で蒸らし、粗熱を取る。

4 3の鶏もも肉を1㎝幅の斜め切り、2の〈ナンプラーソース〉の半量をからめる。

5 カップにご飯を詰め、4の鶏もも肉をのせ、薄切りを半月切りにしたレモン、コリアンダーの葉と、2の〈ナンプラーソース〉の中にある輪切りの赤唐辛子をのせる。別の容器に、残りの〈ナンプラーソース〉を入れる。

クレープでラップサンド

ハムとサーモンの2種類のラップサンドです。
ここでは、手間をかけて手作りのクレープを使っていますが、
時間がないときは、市販のトルティーヤや、
8枚切りの食パンを使えば、もっと簡単にできます。

[材料]（縦105mm×横45mm×高さ50mm）4人分（4巻き分）

下準備
「サンド用」
クリームチーズ……160g
牛乳……大さじ2〜4
「クレープ用」
バター……10g

クレープ生地 4枚分
グラニュー糖……5g
塩……ふたつまみ
卵……1個
牛乳……25g
水……25g
薄力粉（ふるう）……50g

ハムサンド 2巻き分
粒マスタード……小さじ2
グリーンカール……適量
※レタスでも可。
薄切りロースハム……8枚

サーモンサンド 2巻き分
グリーンカール……適量
※レタスでも可。
スモークサーモン……4〜6枚
ケッパー……8粒

[作り方]

下準備

1 クリームチーズは牛乳を加えて混ぜ、塗りやすい固さにする。

2 バターは電子レンジ（600W）で20秒ほど様子を見ながら少しずつ加熱して溶かす。

クレープ生地を作る

1 ボウルにグラニュー糖、塩、卵、牛乳、水を入れ、ホイッパーで混ぜる。

2 薄力粉を加えてダマがなくなるまでしっかり混ぜ、〈下準備〉をした2の溶かしバターを加えてさらに混ぜる。

3 フライパンを弱火で熱し、薄くバター（適量/分量外）をひく。2のクレープ生地を入れ、フライパンを回すようにして生地を薄くのばして4枚焼き、火からおろして粗熱を取る。

ハムサンドを作る

1 3の〈クレープ生地〉を広げ、〈下準備〉をした1のクリームチーズ（1/4量）と粒マスタード（1/2量）を塗り、グリーンカールを2枚左右逆に組ませてのせる。薄切りロースハムをのせる。

2 手前から固めに巻いていき、巻き終わりはクリームチーズ（適量/分量外）を少し塗って止める。

3 ラップに包んで冷蔵庫に入れ、10分ほど休ませてから、横3等分に切る。同様にもう1巻き作る。

サーモンサンドを作る

1 3の〈クレープ生地〉を広げ、〈下準備〉をした1のクリームチーズ（1/4量）を塗り、グリーンカールを2枚左右逆に組ませてのせる。スモークサーモンをのせ、ケッパーを散らす。

2 手前から固めに巻いていき、巻き終わりはクリームチーズ（適量/分量外）を少し塗って止める。

3 ラップに包んで冷蔵庫に入れ、10分ほど休ませてから、横3等分に切る。同様にもう1巻き作る。

COLUMN

「タコスの皮」をカップに見立てる

ひと手間加えれば、タコスの皮もカップにすることができます。
タコスの皮の形を整えて、オーブンで焼くだけで、
まるで陶器のような魅力的なカップになります。

焼いたタコスの皮に、料理を詰めてみました。
(写真左) いろいろ豆のピクルス (→ p.20) に、手でちぎったグリーンカールを加えて。
(写真右) えびとブロッコリーのサルサ・ドレッシング添え (→ p.44)

1
タコスの皮の中心まで、ハサミで切り込みを1か所だけ入れる。

2
タコスの皮を円錐形にして、マフィン型の凹みにタコスの皮の先端を入れる。

3
マフィン型に、タコスの皮を上から押しつけ、底を安定させる。

4
タコスの皮の中にタルトストーン (アルミ) の重しを入れ、予熱したオーブン (180℃) で7〜8分焼く。

Part 4
カップデザート

カップに入ったデザートなら、持ち運んでも形はきれいなまま。ケーキボックスを開けたとき、ババロア、ジュレなどが現れたら、ちょっとしたサプライズになるでしょう。

レアチーズケーキの
チェリーソースのせ

レアチーズケーキの土台は、グラハムクラッカーをよく使いますが、
ここではカリカリした食感のコーンフレークを使っています。
コーンフレークの塩味と濃厚なクリームチーズ、
ダークチェリーの組み合わせがたまりません。

Part 4 デザート

[材料]（縦103mm×横58mm×高さ38mm）4人分

土台
バター……20g
コーンフレーク……40g

レアチーズ生地
クリームチーズ（室温に戻す）……100g
グラニュー糖……40g
バター……25g
レモン汁……小さじ1
板ゼラチン……2g
生クリーム……80mL

チェリーソース（作りやすい分量）
ダークチェリー（缶詰）……1缶
ダークチェリーの缶汁……1缶分
グラニュー糖……40g
水……100mL
キルシュ……小さじ2
水溶きコーンスターチ
……コーンスターチ（大さじ1）
＋水（大さじ1）

レアチーズケーキ
チェリーソース

※チェリーソースを保存する場合は、殺菌消毒した密閉容器に入れておけば、常温で3〜4週間は持ちます。

[作り方]

土台を作る

1 バターは耐熱容器に入れてラップをし、電子レンジ（600W）で40秒加熱して溶かす。

2 小さいボウルに、コーンフレーク、1の溶かしたバターを入れて混ぜる。

レアチーズ生地を作る

1 ボウルに、室温でやわらかくしたクリームチーズ、グラニュー糖を入れ、ホイッパー（またはハンドミキサー）で混ぜる。室温に戻してやわらかくしたバターを入れて混ぜ、レモン汁を加えてさらに混ぜる。

2 別のボウルに板ゼラチンを入れ、たっぷりの水（適量／分量外）で戻し、やわらかくなったら手で絞る。耐熱容器に入れ、生クリーム（大さじ1ほど）を入れてラップをし、電子レンジ（600W）で10秒加熱し、よく混ぜて溶かす。

3 1に2を加え、ホイッパー（またはハンドミキサー）で混ぜる。

4 別のボウルに残りの生クリームを入れ、ホイッパー（またはハンドミキサー）で（※）6分立てにする。
※少しとろみがつき、すくうとクリームが落ち、跡がすぐに消える状態。

5 3に4を加えて混ぜ、なめらかなレアチーズ生地を作る。

6 カップに2の土台を詰め、5をのせ、冷蔵庫で40分ほど冷やす。

チェリーソースを作る

1 ダークチェリー缶は、実と缶汁に分ける。

2 鍋にグラニュー糖、水、1の缶汁を入れて中火にかけ、沸騰したら実とキルシュを加えて混ぜる。

3 鍋を火からおろし、水溶きコーンスターチを少しずつ加えて混ぜ、弱火にかけてとろみがついたら火を止めて冷ます。

仕上げ

〈レアチーズ生地〉に、〈チェリーソース〉をかける。

かんたんトライフル

トライフルはイギリス発祥のデザートです。
スポンジケーキ、カスタードクリーム、フルーツなどを、
カップの中で重ねたものです。
簡単なのに、とても華やかにできます。

[材料]（直径76mm×高さ76mm）4人分

スポンジケーキ
スポンジケーキ（市販）……160g

アプリコットソース
アプリコットジャム……大さじ4
水……大さじ1/2
キルシュ……小さじ1

ヨーグルトクリーム
生クリーム……100g
グラニュー糖……小さじ1
水切りヨーグルト……50g
※プレーンヨーグルト200g（約1/2パック）を水切りします。

カスタードクリーム
卵黄……2個分
グラニュー糖……55g
薄力粉（ふるう）……20g
牛乳……300g
バニラエッセンス……2～3滴
バター……5g

仕上げ
オレンジ……適量
グレープフルーツ……適量
ブルーベリー……4個
ミントの葉……適量

[作り方]

スポンジケーキを切る
スポンジケーキは1cm角に切る。

アプリコットソースを作る
小さいボウルに、アプリコットジャム、水、キルシュを入れて混ぜる。

ヨーグルトクリームを作る
ボウルに、生クリーム、グラニュー糖を入れ、ホイッパーで（※1）8分立てにする。水切りヨーグルト（※2）を加え、さらに混ぜる。

※1 生クリームをすくうと、ぽってり落ち、ツノの先が曲がる状態。
※2 ボウルにざるをのせ、キッチンペーパーを敷き、ヨーグルトを入れてラップをし、冷蔵庫に4～5時間ほど入れます。ラップの上に小皿などの重しをのせると、2～3時間でできます。

カスタードクリームを作る

1. ボウルに卵黄、グラニュー糖を入れ、ホイッパーで白っぽくなるまで混ぜる。ふるった薄力粉を加え、さらに混ぜる。
2. 鍋に牛乳を入れてフツフツするまで中火にかける。
3. 1に2を少しずつ入れながら混ぜ、バニラエッセンスを加え、こし器でこす。再び鍋に戻して中火にかけ、とろりとしたら火を止めてバターを加えて余熱で溶かし、バットに移す。ラップをカスタードクリームに密着させてかけ、冷蔵庫に入れて30分ほど冷やして、ホイッパーでほぐしてなめらかにする。

仕上げ

1. カップに1cm角に切った〈スポンジケーキ〉を詰め、〈カスタードクリーム〉、〈スポンジケーキ〉、〈アプリコットソース〉、〈ヨーグルトクリーム〉の順にのせる。
2. 小房に分けて身をはずしたオレンジとグレープフルーツ、ブルーベリーをのせ、ミントの葉をのせる。

Part 4 デザート

フルーツサラダポンチ風

熱いシロップにフルーツを浸し、冷凍庫で15分ほど冷やすと、
味のしみ込みが早く、時短でコンポートが手軽に作れます。
ミントの香りが爽やかな、さっぱりしたデザートです。
こってりした料理のあとにぴったり。

[材料]（直径55mm×高さ65mm）4人分

グレープフルーツ（ルビー）……1個
キウイフルーツ……1個

シロップ
水……200mL
グラニュー糖……100g
キルシュ……大さじ1
レモン汁……小さじ2
ミントの葉……5〜6枚

ピオーネ……8粒
マスカット……8粒

[作り方]

1. グレープフルーツは横半分に切って身をはずす。キウイフルーツは皮をむき、1.5cmの輪切りにして4等分に切る。

2. 鍋に水とグラニュー糖を入れて中火にかけ、沸騰してグラニュー糖が溶けたら、キルシュ、レモン汁を加えて混ぜ、ミントの葉を加え、シロップを作る。

3. 2つのボウルに2の熱いシロップを半量ずつ分ける。それぞれにグレープフルーツとピオーネ、キウイフルーツとマスカットを加える。ラップをして冷凍庫で15分ほど冷やす。

4. カップに3のミントの葉を除いて、それぞれ詰める。

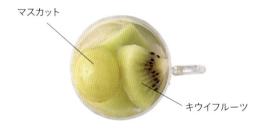

マスカット / キウイフルーツ

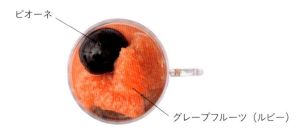

ピオーネ / グレープフルーツ（ルビー）

Part 4 デザート

チョコムース

ちょっぴり地味なチョコムースも、
チョコレート コポーをのせると、一気に華やぎます。
ひと口サイズのスイーツは、パーティでも人気。
ダイエットは気にせず、楽しみましょう。

[材料]（直径55mm×高さ45mm）5人分

チョコムース
卵黄……1/2個分
グラニュー糖……7g

牛乳……50g
製菓用スイートチョコレート……50g
板ゼラチン……2g
生クリーム……60g

チョコレート コポー
板チョコレート……適量

粉糖……適量
ピスタチオ……適量

[作り方]

チョコムースを作る

1 ボウルに卵黄とグラニュー糖を入れ、ホイッパーで白っぽくなるまですり混ぜる。

2 鍋に牛乳を沸かし、1に加えて混ぜる。再び鍋に戻し、弱めの中火にかけて3〜4分、混ぜ続けてとろみをつける。

3 2を火からおろし、製菓用スイートチョコレートを入れ、水で戻した板ゼラチンを加えて混ぜる。こし器でこし、別のボウルに入れる。

4 3のボウルの底を氷水にあて、人肌よりほんのり温かいくらいまで冷やす。

5 別のボウルに生クリーム入れ、ホイッパーで（※）7分立てにし、4に加えて手早く混ぜる。

※とろみがついて重くなり、すくうとゆっくり落ち、線が描ける状態。

6 カップに詰め、冷蔵庫で40分ほど冷やし固める。

チョコレート コポーを作る

板チョコレートの平らな面を、計量スプーンや包丁、ピーラーなどで薄く削り、チョコレート コポー（削りくず）を作る。

※チョコレートが冷えていると粉々になるので、常温のものを使いましょう。

仕上げ

〈チョコムース〉に、〈チョコレート コポー〉をのせ、茶こしなどで粉糖をふり、粗く砕いたピスタチオを添える。

粉糖　チョコムース
ピスタチオ　チョコレート コポー

アップルクランブル

クランブルはイギリスのデザートで、
フルーツに、香ばしいクランブル生地を合わせたものです。
好みで生クリームやアイスクリームを添えてもいいですね。
クランブル生地は、日持ちするので前日に作っておきます。

[材料]（直径76mm×高さ70mm）4人分

キャラメルりんご
りんご……1個
レモン汁……小さじ2
グラニュー糖……25g
水……大さじ1
バター……20g

クランブル生地
無塩バター……25g
薄力粉……30g
アーモンドパウダー……30g
グラニュー糖……25g
塩……ふたつまみ
シナモンパウダー……適量

[作り方]

キャラメルりんごを作る

1 りんごは皮をむいて縦8等分にし、3mm厚さのいちょう切りにする。ボウルに入れ、レモン汁を加えて混ぜる。

2 フライパンにグラニュー糖と水を入れ、中火にかけて薄茶色になったら火からおろし、バターを加えて混ぜる。1のりんごを加えて混ぜ、ふたをして2〜3分弱火にかけ、りんごがしんなりしたらふたを取る。強火で水分を飛ばしたら火からおろし、粗熱を取る。

クランブル生地を作る

1 無塩バターは1cm角に切り、冷凍庫で10分冷やす。

2 フードプロセッサーに、1の無塩バターと、薄力粉、アーモンドパウダー、グラニュー糖、塩、シナモンパウダーを入れ、そぼろ状にする。

3 天板にオーブンシートを敷き、2を広げ、予熱したオーブン（180℃）で、12〜15分こんがりきつね色になるまで焼く。

仕上げ

カップに〈クランブル生地〉〈キャラメルりんご〉〈クランブル生地〉の順に詰める。
※冷蔵庫で7日、冷凍庫で2〜3週間は保存できます。

キャラメルりんご

クランブル生地

マロンのババロア

市販のマロンクリームとキャラメルクリームソースを使えば、
簡単においしいマロンのババロアができ上がり。
絵を描くようにキャラメルクリームソースをかけると
おしゃれなカフェ風になります。

[材料]（直径88mm×高さ48mm）4人分

マロンのババロア
卵黄……2個分
グラニュー糖……40g
マロンクリーム（市販）……70g
板ゼラチン……6g
牛乳……250mL
生クリーム……125mL

トッピング
キャラメルクリームソース（市販）
……適量
栗の渋皮煮（市販）……1個

[作り方]

マロンのババロアを作る

1 ボウルに卵黄と、グラニュー糖を入れ、ホイッパーで白っぽくなるまですり混ぜる。

2 1にマロンクリームを加えて混ぜる。

3 別のボウルに板ゼラチンを入れ、たっぷりの水（適量/分量外）で戻す。鍋に牛乳と生クリームを入れ、中火にかけて沸騰直前まで温め、戻した板ゼラチンを加えて混ぜる。

4 2に3を少しずつ加えて混ぜ、こし器でこしてボウルに入れ、底を氷水にあててとろみをつける。

5 4をカップに入れ、冷蔵庫で40分ほど冷やす。

仕上げ

5に〈トッピング〉のキャラメルクリームソースをかけ、1/4のくし形に切った栗の渋皮煮をのせる。

ローズヒップティーと赤ワインのジュレ

固まる直前のフルフルの食感のジュレを作るのは、
板ゼラチンと水の配合が決め手です。
ローズヒップティーと赤ワインに
ベリー類の風味が加わって、絶妙なハーモニーを醸します。

[材料]（直径59mm×高さ35mm）6人分

ローズヒップティーと赤ワインのジュレ
板ゼラチン……3.5g
水……150mL
グラニュー糖……35g
ローズヒップティー（ティーバッグ）
……1袋
赤ワイン……50mL

いちご……6個
ラズベリー……12個
ブルーベリー……12個

セルフィーユ……適量

[作り方]

ローズヒップティーと赤ワインのジュレを作る

1 ボウルに板ゼラチンを入れ、たっぷりの水（適量/分量外）で戻す。

2 鍋に水、グラニュー糖、ローズヒップティーのティーバッグ、赤ワインを入れる。グラニュー糖が溶けたら、沸騰直前に火からおろす。熱いうちに1の板ゼラチンを加えて混ぜる。ティーバッグを取り出す。

3 鍋底を氷水にあてて冷まし、少しとろみがついたら、3等分に乱切りしたいちご、ラズベリー、ブルーベリーを加えて混ぜる。

仕上げ
カップに〈ローズヒップティーと赤ワインのジュレ〉を入れ、冷蔵庫で15〜20分ほど冷やし、セルフィーユをのせる。

抹茶のパフェ

抹茶アイスをきれいにすくうには、
アイスディッシャーに熱湯をかけるのがコツです。
本格的なパフェらしく、美しく立体的に盛りつけましょう。
持ち運ぶ場合は、トッピングは、みんなの目の前で。

Part 4 デザート

[材料]（直径66mm×高さ91mm）4人分

抹茶ホイップクリーム
グラニュー糖……小さじ1
抹茶……小さじ1/2
生クリーム……100g

白玉だんご
白玉粉……30g
水……適量

濃茶のゼリー
グラニュー糖……小さじ3
抹茶……小さじ1・1/2
水……120mL
粉ゼラチン（ふやかさずに使えるもの）……4g

仕上げ
コーンフレーク……適量
スポンジケーキ（市販）……適量

抹茶アイス（市販ミニカップ）……1個分
ゆであずき（市販）……大さじ4
ミントの葉……4枚
ヌガー（市販）……適量
※クッキーでも可。

[作り方]

抹茶ホイップクリームを作る
1. 小さいボウルにグラニュー糖と抹茶を入れ、スプーンでよく混ぜる。
2. 別のボウルに生クリームを入れ、1を加えてホイッパーでダマがなくなるまでよく混ぜ、（※）8分立てにする。

※生クリームをすくうと、ぽってり落ち、ツノの先が曲がる状態。

白玉だんごを作る
1. ボウルに白玉粉を入れ、耳たぶくらいの固さになるまで水を少しずつ加えて手で練り、1.5cmほどの大きさに丸め、4個作る。
2. 熱湯に1を入れてゆで、浮いてきたら冷水に入れて冷ます。

濃茶のゼリーを作る
1. 小さいボウルに、グラニュー糖と抹茶を入れて混ぜる。
2. 鍋に、水、粉ゼラチン、1を入れて中火にかけ、グラニュー糖が溶けてひと煮立ちしたら、火を止める。
3. 粗熱を取り、冷蔵庫で30分ほど冷やして固まったら、フォークでクラッシュ（粗くくだく）する。

仕上げ
1. カップに、コーンフレーク、1cm角に切ったスポンジケーキを詰め、〈抹茶ホイップクリーム〉（大さじ1）、〈濃茶のゼリー〉（1/4量）、1cm角に切ったスポンジケーキ、〈抹茶ホイップクリーム〉（大さじ1）の順にのせる。
2. アイスディッシャーですくった抹茶アイス、〈白玉だんご〉、ゆであずきをのせる。残りの〈抹茶ホイップクリーム〉はさらにしっかり泡立て、星型の口金をつけた絞り袋に入れて絞り、ミントの葉、ヌガーをのせる。

信太康代（しだやすよ）

洋菓子・料理研究家

生来のお菓子好きがこうじて、スイスのリッチモンド製菓学校、フランス・パリのエコール・ルノートルで本格的なお菓子作りを学ぶ。現在、自宅でサロン形式のお菓子＆料理教室を主宰。簡単でおいしい料理と、本格的なデザートを紹介するメニュー構成が、多くの生徒から支持を得ている。NHKテレビ「きょうの料理」をはじめ、雑誌、カルチャースクールなどでも活躍中。『いも・くり・かぼちゃのスイーツ』（ブティック社）、『キューブスイーツ』（日東書院本社）、『簡単なのに、こんなにかわいい 魔法の絞り出しクッキー』（誠文堂新光社）など、著書多数。
ホームページ　http://www.igrek-shida.com/

調理アシスタント　金子愛美、杉山奈津子、三池佳織

[スタッフ]
デザイン　　島田利之（シーツ・デザイン）
撮影　　　　山田 薫
スタイリング　カナヤマヒロミ
編集協力　　雨宮敦子（Take One）

持ちよりパーティやお弁当に

カップデリ

2019年3月16日　発　行　　　　　　　　　　　NDC596

著　者　　信太康代
発行者　　小川雄一
発行所　　株式会社 誠文堂新光社
　　　　　〒113-0033　東京都文京区本郷3-3-11
　　　　　（編集）電話03-5805-7285
　　　　　（販売）電話03-5800-5780
　　　　　http://www.seibundo-shinkosha.net/
印刷・製本　図書印刷 株式会社

© 2019,Yasuyo Shida.　　　Printed in Japan　検印省略　禁・無断転載

落丁・乱丁本はお取り替え致します。

本書に掲載された記事の著作権は著者に帰属します。これらを無断で使用し、展示・販売・レンタル・講習会等を行うことを禁じます。

本書のコピー、スキャン、デジタル化等の無断複製は、著作権法上での例外を除き、禁じられています。本書を代行業者等の第三者に依頼してスキャンやデジタル化することは、たとえ個人や家庭内での利用であっても著作権法上認められません。

JCOPY <（一社）出版者著作権管理機構 委託出版物>
本書を無断で複製複写（コピー）することは、著作権法上での例外を除き、禁じられています。本書をコピーされる場合は、そのつど事前に、（一社）出版者著作権管理機構（電話 03-5244-5088／FAX 03-5244-5089／e-mail:info@jcopy.or.jp）の許諾を得てください。

ISBN978-4-416-61940-7